La Unción de Reabastecimiento

Claves para vivir en aumento sobrenatural

PATRICIA KING

La Unción de Reabastecimiento
Copyright © 2017 – Patricia King Enterprises

Es traducción de la versión original en inglés:
The Replenishment Anointing
Copyright © 2016 – Patricia King Enterprises

Todos los derechos reservados. Ninguna parte de esta publicación puede ser reproducida, impresa, de manera digital ni de cualquier otra manera, salvo porciones breves, sin el permiso por escrito de la autora. Se prohibe la reproducción sin autorización.

A menos que se indique de otra manera, el texto bíblico ha sido tomado de la versión Reina Valera Contemporánea (RVC) ® © Sociedades Bíblicas Unidas, 2009, 2011. Usado con permiso.

El texto bíblico indicado con "NTV" ha sido tomado de la Santa Biblia, Nueva Traducción Viviente, © Tyndale House Foundation, 2010. Usado con permiso.

Traducción: Carol Martínez

Publicado por:
Patricia King Enterprises

Distribuido por:
Patricia King Ministries
PO Box 1017
Maricopa, AZ 85139
PatriciaKing.com

ISBN: 978-1-62166-5007

RECOMENDACIONES

Patricia King es una de las líderes más generosas y prósperas que conozco en el cuerpo de Cristo. Ella tiene un corazón por ver al Cuerpo alinearse con el cielo. Encontrarás que esta enseñanza sobre la Unción de Reabastecimiento, cuando es activada, estirará tu fe para creer por más que suficiente.

Esta enseñanza conlleva un manto de fe y te abrirá la dimensión de nuevos logros y victorias en el área financiera. Animo a todos a conseguir este libro para amigos y familia y presenciar a Dios obrar de una manera parteaguas en su fe, familia, y finanzas. ¡No te desilusionarás!

John Perks
Fundador
Breakthrough Ministries

Patricia King es una voz clara, concisa y profética. Ella continuamente articula verdad reveladora fresca del corazón de Dios. En este libro, Patricia expertamente revela un entendimiento comprensivo del acercamiento bíblico al principio poderoso de *La Unción de Reabastecimiento*.

La revelación profunda pero práctica puede liberar a los corazones que escuchan y eligen estar de acuerdo con Dios y personalmente activar *La Unción de Reabastecimiento* en sus propias vidas. La elección de creer en el aumento divino destruirá lo que parece faltar en nuestras vidas. Patricia nos ha dado un camino excelente hacia la sanidad, liberación, y prosperidad. Al leer yo este libro, lo hice intencionalmente para aprender y aplicar la verdad que estaba siendo revelada y, una vez más, descubrí la poderosa realidad de elegir estar de acuerdo con la Palabra de Dios.

Cuando apasionadamente deseamos los beneficios, abrazaremos el procedimiento.

Dr. Clarice Fluitt
Autora, Conferencista Motivacional
Coach de Vida Transformativa

Recomendaciones

¿Quieres *más* de Dios? Pues bien, la verdad es que el Señor ya nos ha dado todo de Él y todo de Su Reino por medio de la obra terminada en la Cruz. Lo que realmente quieres, lo que realmente queremos, es mayor entendimiento acerca de cómo acceder y disfrutar de todo lo que Él ha puesto a nuestro alcance.

El nuevo libro de Patricia, *La Unción de Reabastecimiento,* es una puerta abierta que te invita a un lugar de plenitud donde no solo puedes recibir todo lo que el Señor te ha dado, sino además puedes entrar al fluir continuo de la plenitud y eterna bendición, bondad, provisión y demás por parte de Dios.

Al igual que Moisés ante el Mar Rojo en Éxodo 14 cuando Dios le habló para ayudarle a entrar a todo lo que ya se le había dado y que había recibido, las percepciones bíblicas que Patricia comparte en este libro te hablarán para que puedas entrar a una mayor manifestación de la abundancia del Reino aquí en la tierra.

Robert Hotchkin
Ministro, Autor,
Voz Profética

CONTENIDO

Una revelación que transforma vidas 11

Panes, peces, y pollo 19

Milagros de reabastecimiento para viudas ... 33

Testimonios 43

Decretos 52

Registro de milagros de reabastecimiento .. 54

Reabastecimiento:

Volver a abastecer o llenar las existencias de algo que se ha agotado debido a su uso.

Unción:

Poder recibido por el Espíritu Santo

Dios ungió a Jesús de Nazaret con el Espíritu Santo y con poder. Después Jesús anduvo haciendo el bien y sanando a todos los que eran oprimidos por el diablo, porque Dios estaba con él.

—Hechos 10:38 (NTV)—

*Las cosas secretas pertenecen
al Señor nuestro Dios, pero las
reveladas son para nosotros y
para nuestros hijos para siempre.*

—Deuteronomio 29:29—

Capítulo Uno

UNA REVELACIÓN QUE TRANSFORMA VIDAS

Si Dios llegara contigo y te dijera, "Hijo, te voy a enseñar a vivir en una dimensión sobrenatural donde todo lo que das será reabastecido milagrosamente, todos los días de tu vida", ¿estarías expectante de recibir de Él Sus secretos profundos y clave en cuanto a esta promesa?

He estado compartiendo esta revelación e impartición divina por todo el mundo y constantemente estoy viendo resultados inmediatos y perdurables en aquellos que la activan. La Palabra de Dios es verdad (Juan 17:17b), así que tengo total confianza de que si recibes esta revelación y la activas, ¡serás bendecido más allá de la medida y te encontrarás viviendo en la dimensión de milagros perdurables!

Este libro contiene una revelación gloriosa – un misterio milagroso que te encaminará a un camino de reabastecimiento y aumento milagroso en todo lo que te pertenece. Este no es un solo milagro. Es una dimensión perpetua de milagros que Dios te está ofreciendo, una que reabastecerá y aumentará tu fuerza física, tu amor, tu tiempo, tu provisión, tus dones, tu unción, y cualquier cosa que fluye de ti a Dios a otros.

IMAGINA ...

◊ Sacas dinero de tu cuenta de banco para dar una ofrenda, e inmediatamente es reabastecido y aumentado.

◊ Sacrificas tu tiempo para servir a un amigo en necesidad, y luego descubres que tu tiempo fue reabastecido sobrenaturalmente a tal grado que ahora cuentas con muchas horas extras para cumplir tus propios deseos.

◊ Gastas tus fuerzas sirviendo al Señor y a otros, y justo cuando sientes que ya no tienes más, hay una nueva ola de fuerzas que te llena inmediatamente, aun más allá de lo que habías tenido antes.

Una revelación que transforma vidas

Te sientes reabastecido, revitalizado, y listo para más.

¡Esta revelación de la unción de reabastecimiento tiene tu nombre! Jesús consiguió esta bendición para ti en el pacto que completó en la cruz entre Dios y el hombre hace dos mil años. Esta es una de las bendiciones mencionadas en las Escrituras que pertenecen a la vida y a la piedad. Es una gran y maravillosa promesa a la cual tienes acceso. Es una de las bendiciones espirituales en los lugares celestiales que es tuya en Cristo.

²Que la gracia y la paz les sea multiplicada por medio del conocimiento de Dios y de nuestro Señor Jesús. ³ **Todas las cosas que pertenecen a la vida y a la piedad nos han sido dadas por su divino poder,** mediante el conocimiento de aquel que nos llamó por su gloria y excelencia. ⁴ Por medio de ellas **nos ha dado preciosas y grandísimas promesas,** para **que por ellas ustedes lleguen a ser partícipes de la naturaleza divina, puesto que han huido de la corrupción que hay en el mundo por causa de los malos deseos.** –2 Pedro 1:2-4

Bendito sea el Dios y Padre de nuestro Señor Jesucristo, **que en Cristo nos ha bendecido con** toda bendición espiritual en los lugares celestiales −Efesios 1:3

La Palabra de Dios es poderosa y contiene capas y capas de revelación dentro de sus muchos versículos. Dios ha escondido secretos dentro de Su Palabra para que nosotros los busquemos. Quiere que los encontremos. ¡Cuando descubrimos una revelación, es nuestra, y llega a ser parte de nuestro ADN espiritual que luego se pasa a todos nuestros descendientes!

Las cosas secretas pertenecen al Señor nuestro Dios, pero las reveladas son para nosotros y para nuestros hijos para siempre, para que cumplamos todas las palabras de esta ley.

−Deuteronomio 29:29

Poco después de que Jesús compartiera la parábola del sembrador y la semilla, Sus discípulos llegaron con Él en privado porque no entendían la parábola, pero querían entenderla. Le pidieron que les concediera revelación y entendimiento. Su respuesta fue:

"A ustedes se les concede entender el misterio del reino de Dios; pero a los que están afuera todo se les dice por parábolas". −Marcos 4:11

Una revelación que transforma vidas

Jesús está buscando verdaderos buscadores. Si buscas, hallarás. Mira esta promesa asombrosa que Jesús nos dio:

> Porque todo aquel que pide, recibe, y el que busca, encuentra, y al que llama, se le abre.
> —Mateo 7:8

La mayordomía de la revelación

Cuando Dios revela un tesoro de Su Palabra, es imperativo que seamos buenos mayordomos de dicho tesoro. Muchos reciben confirmación en su espíritu de que cierta promesa es de Dios, pero no son buenos mayordomos de la misma, así que no les beneficia. Frecuentemente he visto instancias donde un creyente recibe una promesa de Dios o una percepción profunda reveladora de la Palabra, pero no permiten que la Palabra crezca de ser mera creencia superficial a llegar a ser verdadera fe que está anclada en su alma. Cuando la verdadera fe es activada, llega a haber una realidad interior que no puede ser sacudida. ¡Sabes que sabes que sabes! La Palabra vive dentro de ti, se hace viva y operativa, y lleva fruto.

> La palabra de Dios es viva y eficaz, y más cortante que las espadas de dos filos, pues penetra

hasta partir el alma y el espíritu, las coyunturas y los tuétanos, y discierne los pensamientos y las intenciones del corazón. –Hebreos 4:12

Cuando Israel estaba en Egipto, recibieron una Palabra por parte de Dios acerca de su liberación de la esclavitud y su entrada a la Tierra Prometida. Escucharon la promesa y la creyeron a cierto nivel, pero cuando surgieron circunstancias adversas y lucharon contra la promesa, dudaron y rápidamente perdieron la fe – la Palabra no había echado raíces. Como resultado, no se apropiaron de la revelación y no pudieron entrar a su tierra, aunque seguía firme la promesa.

> Por eso, temamos a Dios mientras tengamos todavía la promesa de entrar en su reposo, no sea que alguno de ustedes parezca haberse quedado atrás. ² Porque la buena nueva se nos ha anunciado a nosotros lo mismo que a ellos; pero de nada les sirvió a ellos el oír esta palabra porque, cuando la oyeron, no la acompañaron con fe.
>
> –Hebreos 4:1-2

Cuando recibes esta revelación, medita en la Palabra hasta que cobre vida dentro de ti. Créela y actívala. La fe sin obras es muerta. La revelación crecerá y producirá grandes milagros en ti.

Cuando recibí la revelación y el entendimiento en cuanto a la unción de reabastecimiento, medité sobre ella cada día hasta que llegó a ser parte de mí. La activé regularmente con intencionalidad, y produjo fruto. Al principio, el fruto llegó lentamente, pero después de varios meses el fruto comenzó a brotar en gran manera – casi inmediatamente después de activarla. A veces los resultados me dejaban asombradísima – compartiré algunos de mis testimonios más adelante.

Estoy emocionada por ti, creyendo contigo y por ti que esta revelación tendrá el mismo impacto en ti como ha tenido en mi vida. Es mi bendición pasarla a ti. Ahora he orado por ti para que recibas poderosa comprensión, fe e impartición.

La revelación de la unción de reabastecimiento y aumento está escondida en la Palabra para que la descubras. Descubrámosla juntos ... prepárate para una impartición poderosa que cambiará tu vida.

...y con lo que sobró del pan y los pescados llenaron doce cestas.

—Marcos 6:43—

Capítulo Dos

PANES, PECES Y POLLO

Casi todo cristiano conoce la historia acerca del milagro de los panes y los peces. Te quiero mostrar algunas cosas en esta porción de las Escrituras que posiblemente no habías visto antes, así que veámoslo detalladamente.

[34] Cuando Jesús salió de la barca y vio a tanta gente, tuvo compasión de ellos, porque parecían ovejas sin pastor, y comenzó entonces a enseñarles muchas cosas. [35] El tiempo pasó y se hizo tarde, así que sus discípulos se acercaron a él y le dijeron: "Ya es muy tarde, y en este lugar no hay nada. [36] Despide a esta gente, para que vayan a los campos y aldeas cercanas, y compren algo de comer." [37] Jesús les respondió: "Denles ustedes de

LA UNCIÓN DE REABASTECIMIENTO

comer." Pero ellos le dijeron: "¿Quieres que vayamos a comprar pan y les demos de comer? ¡Eso costaría como doscientos denarios!" [38] Jesús les dijo: "Vayan a ver cuántos panes tienen ustedes." Cuando lo averiguaron, le dijeron: "Tenemos cinco panes y dos pescados." [39] Jesús les mandó entonces que hicieran que la gente se recostara por grupos sobre la hierba verde, [40] y ellos así lo hicieron, formando grupos de cien y de cincuenta personas. [41] Jesús tomó entonces los cinco panes y los dos pescados, y levantando los ojos al cielo los bendijo. Luego partió los panes y se los dio a sus discípulos para que los repartieran entre la gente, y también repartió entre todos los dos pescados. [42] Todos comieron y quedaron satisfechos, [43] y con lo que sobró del pan y los pescados llenaron doce cestas. [44] Los que comieron fueron como cinco mil hombres. —Marcos 6:34-44

Una multitud de 5,000 hombres (probablemente también estaban presentes algunas mujeres y niños, aunque no se mencionan) habían estado escuchando a Jesús enseñar todo el día, y ya se estaba haciendo tarde. Los discípulos le sugirieron a Jesús que ya despidiera a todos para que las personas se fueran a los pueblos cercanos a buscar qué comer.

Pero la respuesta de Jesús fue, "Denles **ustedes** de comer".

¡Válgame! Me puedo imaginar sus caras de sorpresa e inquietud mientras trataban de calcular cuánto requeriría para alimentar a tal multitud – ¡era como preparar un banquete de proporciones gigantescas! No solo eso, sino que estaban en un lugar totalmente desolado. ¿Dónde iban a conseguir tanto alimento? Su reacción fue interesante, y es importante notar. Inmediatamente respondieron expresando consternación en cuanto al dinero. "¿Quieres que vayamos a comprar pan y les demos de comer? ¡Eso costaría como doscientos denarios!" Pero los discípulos no necesitaban dinero para la gente. Necesitaban alimento. Jesús les dijo, "Denles ustedes **de comer**". Su necesidad era alimento, no dinero.

El dinero es una moneda terrenal. No la encontrarás en el cielo. Tantas personas igualan la prosperidad y el bienestar con cuánto dinero tienen, y sin embargo no hay ninguna promesa en la Biblia que dice que Dios nos dará dinero (aunque bien lo puede hacer y no tiene ningún problema con proveerlo si se necesita). La Biblia promete que Dios suplirá todas nuestras **NECESIDADES** de acuerdo con Sus riquezas en gloria en Cristo Jesús (Filipenses 4:19). Al dinero se le da demasiada importancia mas no hemos de amarlo, ni adorarlo, ni servirle. Un día, el sistema monetario mundial se va a derribar, pero la provisión de Dios nunca escaseará o disminuirá. El milagro que ellos

La unción de reabastecimiento

necesitaban en ese momento no tenía nada que ver con dinero – ¡se trataba de alimento!

Si necesitas dinero, pide dinero. No necesariamente necesitas dinero para obtener alimento. Dios puede dar alimento directamente. "Jesús nos enseñó a orar, "El pan nuestro dánoslo cada día" (Mateo 6:11). Si necesitas ropa, pide ropa. No debemos igualar todo lo que necesitamos con dinero.

Hace algunos años, yo tenía un carro que realmente disfrutaba. Tenía poco millaje. Yo lo cuidaba muy bien, y estaba muy contenta con él. Un día, el Señor me habló y me guió a regalarlo a una amiga que había estado orando por un vehículo. Él también me dijo, "Yo te voy a dar un auto todavía mejor". Eso me sonaba maravilloso así que le llamé a mi amiga y la llevé al departamento de registro de vehículos y transferí mi auto a ella. Ella quedó muy conmovida por la bondad de Dios y como Él había contestado su oración y la había bendecido. Ella no necesitaba dinero, necesitaba un auto, y eso es lo que Dios le proveyó.

Como resultado de esa magnífica transacción, yo ahora tenía una necesidad de transportación, pero no tenía vehículo. El auto mejor no se manifestó inmediatamente, así que cada día oraba, pidiéndole a Dios que supliera mi necesidad de transportación. Yo no necesitaba dinero y, aunque Dios me había prometido un vehículo mejor, en realidad no necesitaba un auto; necesitaba transportación. Por 14 meses tuve provisión sobrenatural de transportación cada día. Siempre que necesitaba ir a alguna parte, llegaba mi "carruaje". Por ejemplo, un día, alguien llegó a mi puerta y dijo, "Estaba manejando cerca, y de repente sentí que el Señor me estaba diciendo que necesitabas transportación para llegar a una parte, así que vine a ver si en algo te puedo servir".

Yo sí necesitaba transportación, y el Señor suplió esa necesidad. Por más de un año, mi transportación fue provista por Dios y yo no necesitaba cubrir los gastos mensuales de gasolina, seguro, ni mantenimiento – y es más, tenía choferes personales. Era glorioso. Nunca me faltó transportación.

Y luego, finalmente se manifestó mi auto mejor – un auto hermoso de alta calidad que era perfecto para mis necesidades y que estaba pagado por completo. El Señor me estaba enseñando a creerle específicamente por lo que necesitaba.

Si tienes la mentalidad de que el dinero es lo que suplirá tus necesidades, te verás atrapado en la tierra de lo "no suficiente". Eso es lo que le ocurrió a Israel cuando eran esclavos en Egipto. La razón por la cual eran oprimidos era que se habían olvidado de quiénes eran. Eran el pueblo con quien Dios había hecho pacto, pero estaban viviendo como esclavos. En vez de mirar a Dios por provisión, permitieron que el sistema mundial egipcio les oprimiera. Habían sido bendecidos por Dios en Egipto desde los días de José. Se estaban multiplicando rápidamente y el faraón estaba preocupado, así que intencionalmente implementó un plan de opresión para impedir que fueran prósperos y bendecidos. Hizo que trabajaran más duro por menos y los esclavizó. Estaban esclavizados bajo el sistema monetario.

Esto es lo que está ocurriendo en muchas naciones occidentales hoy en día. Hemos vivimos bien y disfrutado de las bendiciones de la abundancia, pero nos hemos dejado engañar por el sistema monetario. Yo escucho a muchos cristianos decir cosas como "Estoy endeudado, no tengo suficiente dinero para suplir mis necesidades; no puedo servir a Dios porque estoy en quiebra, tengo ingresos muy limitados".

¿Cómo llegamos a ese lugar? Desafortunadamente, hemos confiado en el sistema monetario, pero Dios quiere que regresemos a Él. Él claramente nos enseña que no podemos servir a Dios y a mamón (el sistema monetario demoníaco). El dinero en sí no es malo – pero el amor al dinero lo es. El dinero no es lo que nos da nuestra seguridad – es Dios.

Los discípulos le estaban preguntando a Jesús acerca del dinero, pero Su respuesta fue, "**Vayan a ver**

cuántos panes tienen ustedes". En otras palabras, "No hablemos de dinero; ellos necesitan alimento. No pueden comer denarios; necesitan pan. ¿Cuántos panes tienen?"

Entonces ellos fueron para ver. Esto es clave. Frecuentemente pensamos que no tenemos lo necesario para suplir nuestra necesidad pero pasamos por alto la provisión que ya está en nuestro medio que Dios puede usar para un milagro. Mira. Siempre tienes algo para dar – tu catalizador para un milagro.

Los discípulos fueron a ver y regresaron con cinco panes y dos peces. Estoy seguro que se estaban preguntando qué era lo que Jesús iba a hacer con esa pequeña cantidad de provisión en la presencia de tan gran necesidad.

Aquí viene el milagro

Jesús no estaba desanimado por la ofrenda tan insignificante que le trajeron sino que inmediatamente hizo los preparativos para un milagro. Con gran expectación, Él organizó a la gente en grupos de 50 y 100 para que estuvieran listos para recibir el alimento milagroso. Una de las claves para obrar un milagro es ESPERAR un milagro.

Jesús entonces trajo cinco panes y dos peces y miró

hacia el cielo. Aquí tenemos otra clave importante que notar:

Como creyente, no eres un ser terrenal tratando de entrar al cielo. Eres un ser celestial viviendo en la tierra. Ten una mentalidad del cielo. Jesús sabía que en la dimensión natural, cinco panes y dos peces no iban a alimentar a 5,000, pero en Dios, todas las cosas son posibles. Él no buscó al reino terrenal por provisión, miró a la dimensión celestial – a la dimensión milagrosa. Necesitamos prestar más atención a esa dimensión mientras vivimos en la tierra. Jesús nos enseñó a orar, "Venga tu reino, tu voluntad sea hecha en la tierra así como en el cielo".

Mientras Jesús está mirando hacia arriba, hacia la dimensión celestial, Él BENDICE el alimento que tiene en Su mano. Muchas veces maldecimos nuestra provisión. Decimos cosas tales como, "No tengo suficiente; no tengo lo que necesito," o "¿Cómo le voy a hacer para que me alcance?"

Tus palabras bendecirán o maldecirán. Asegúrate de que estás comprometido a bendecir tu provisión aun si no parece ser lo suficiente para suplir la necesidad. Jesús no dijo, "Oh, Padre, estoy en un lío aquí; hay más de 5,000 personas a quienes alimentar y tengo esta pequeña cantidad de panes y dos pececillos – estoy en verdaderos problemas". ¡No! Él bendijo la provisión que estaba en Su mano.

En este punto, ningún milagro ha tomado lugar. Las Escrituras explican que después de que los bendijo, partió los panes. Me estoy imaginando que Sus doce discípulos distribuyeron el pan y los peces, así que Él tuvo que partirlos en pedazos para luego entregar a cada uno de los discípulos algo que repartir. **Ahora viene la gran clave para el milagro. ¡Siguió dando!**

Partió el pan y **siguió dando** lo que estaba en Su mano. Creo que Él les daba los pedazos de pan a los discípulos, quienes luego lo distribuían a todos los que estaban presentes.

No llegó el camión de alimentos con grandes cantidades de pan fresco y peces. Con frecuencia, las personas están esperando que llegue milagrosamente una gran suma de dinero para suplir su necesidad, pero en el caso de milagros de reabastecimiento, funciona de manera diferente. Algunos dirán, "Cuando me haga rico, entonces seré caritativo y daré para las necesidades de los pobres". Pero puede que nunca te llegue esa fortuna. Si no estás dando lo que tienes en la mano, es posible que nunca verás un milagro en tu vida. Observa cómo tomó lugar este milagro:

Cada discípulo puso algo del pan en su mano y luego ofreció a la primera persona algo que comer. La primera persona tomó el pan, vaciando la mano del discípulo, pero ya para cuando el discípulo llegó con la siguiente persona, el pan había sido

La unción de reabastecimiento

REABASTECIDO. Le dio ese pan a la siguiente persona, y otra vez fue REABASTECIDO para la siguiente persona, y después fue REABASTECIDO para la siguiente, y luego la siguiente, y la siguiente, y así sucesivamente. Siempre y cuando estaba dando, seguía operando la unción de REABASTECIMIENTO. Entonces, el milagro no consistió en la llegada de un camión de pan. El milagro estaba en la mano de ellos – los discípulos. Cada porción que daban de su mano era REABASTECIDA. Jesús no mandó llamar a los ángeles del cielo para que el pan apareciera. Eso podría ocurrir, por supuesto, pero sería otra clase de milagro.

Jesús les estaba enseñando a Sus discípulos cómo obrar la unción de REABASTECIMIENTO. ¡Pero las cosas todavía se ponen mejor! Porque luego, en algún momento, **no solo hay reabastecimiento, sino aumento de provisión.** Tuvieron que encontrar canastas dónde poner el alimento sobrante. Comenzaron con un puño de pan, pero conforme seguían dando, AUMENTABA. Al final del programa de alimentación, 5,000 hombres – y probablemente mujeres y niños – habían comido, y habían sobrado doce canastas de pan. Todos comieron y quedaron satisfechos – ¡y todo sin un camión de alimentos!

El reabastecimiento funciona conforme das. Lo que das se reabastece y luego aumenta conforme sigues dando.

Pollo, pollo, pollo

Hace muchos años, cuando nuestros hijos todavía eran pequeños, vivíamos cerca de un lago que se hacía hielo durante el invierno. Un domingo después de ir a la iglesia, me quedé en casa para preparar nuestra cena de pollo mientras que mi esposo llevaba a nuestros hijos a patinar sobre el lago. Mi esposo se encontró con algunos amigos y familiares mientras patinaban e invitó a todos a casa para cenar. Esto era antes de los días de los teléfonos celulares. Él llegó sorpresivamente con 15 huéspedes ... *19 personas para cenar, incluyendo nuestra familia ... y un pollo*. Yo entré en algo de pánico, así que mientras mi esposo estaba preparando una mesa más grande donde pudieran sentarse todos nuestros invitados, yo estaba orando fuertemente (¡casi con gemidos!) sobre el pollo. Apenas esa mañana yo había leído la historia de la multiplicación de los panes y los peces durante mi tiempo devocional. Le clamé a Dios que un milagro similar ocurriera con el pollo. Luego lo rebané en pequeñas porciones, con la esperanza de que todos tomaran poco, para ver si habría suficiente pollo para todos.

Ya en la mesa, bendije los alimentos (¡que si los bendije!). Luego pasé el platillo de pollo a la primera persona a mi izquierda, y se sirvió una porción grande de pollo. Silenciosamente exclamé en mi interior, preguntándome cómo el pollo se iba a estirar para alimentar a los demás. La siguiente persona también se sirvió una porción generosa, así como la persona que seguía. Ya me estaba traumando ... seguían pasando el pollo y cada persona llenaba su plato con porciones grandes de pollo. Ya para cuando la mitad de personas se habían servido, me di cuenta que parecía que había la misma cantidad de pollo en el plato que cuando apenas habíamos comenzado. Se estaba REABASTECIENDO.

El platillo pasó por cada uno de los comensales y seguía lleno de pollo. Algunos invitados se sirvieron doble y algunos hasta tres veces, pero seguía el platillo lleno de pollo al final de la noche. De hecho, ese pollo nos duró tres días. Nuestra familia comió sándwiches de pollo, guisados de pollo, cacerolas de pollo ... pollo, pollo, pollo. ¡REABASTECIMIENTO Y AUMENTO!

Algunos años después, mientras estábamos en el campo misionero, frecuentemente veíamos el mismo milagro de reabastecimiento cuando estábamos alimentando a los pobres.

Cuando Dios creó a la humanidad, nos bendijo con la habilidad de ser fructíferos (aumento) y de reproducir (reabastecer).

Y los **bendijo** Dios con estas palabras: "**¡Reprodúzcanse, multiplíquense,** y **llenen la tierra!**" –Génesis 1:28

Esto está disponible para ti, y el Señor quiere que te muevas en esta unción como una parte natural de tu vida. ¡Eres bendecido por Dios para ser fructífero, para multiplicar (aumentar) y reabastecer!

Jesús enseñó a Sus discípulos más de una vez acerca de esta unción. Lo vemos instruyendo a los discípulos acerca de la unción de reabastecimiento en la alimentación de los 5,000 en Marcos 6, pero de nuevo en Marcos 8 Él instruye a Sus discípulos con la alimentación de los 4,000. Unos cuantos versículos más adelante, encontramos a Jesús dando una advertencia en cuando a la levadura injusta. Ellos pensaban que Él estaba molesto porque se habían olvidado de traer pan al barco. Él les respondió con esta represión:

> [17] Pero Jesús se dio cuenta y les dijo: "¿Por qué discuten de que no tienen pan? ¿Todavía no entienden ni se dan cuenta? ¿Todavía tienen cerrada la mente? [18] ¿Tienen ojos, pero no ven? ¿Tienen oídos, pero no oyen? ¿Acaso ya no se acuerdan? [19] Cuando repartí los cinco panes entre los cinco mil, ¿cuántas cestas llenas del pan que sobró recogieron?" Y ellos dijeron: "Doce." [20] "Y cuando repartí los siete panes entre los cuatro mil, ¿cuántas canastas llenas del pan que sobró recogieron?" Ellos respondieron: "Siete." [21] Entonces les dijo: "¿Y cómo es que todavía no entienden?"
>
> –Marcos 8:17-21

LA UNCIÓN DE REABASTECIMIENTO

A veces se establece una verdad en nosotros con solo escucharla una vez. Los discípulos no solo escucharon la instrucción en cuanto al reabastecimiento sino que también obraron el milagro con Jesús. El milagro fluyó por sus propias manos, pero aun así no lo captaban.

Jesús quiere que sepas cómo obrar milagros de reabastecimiento. Absorbe la enseñanza y luego actívala. Verás milagros de reabastecimiento obrar en tu propia vida, por toda tu vida, si crees.

Capítulo Tres

MILAGROS DE REABASTECIMIENTO PARA VIUDAS

También vemos el milagro de reabastecimiento obrar a través de Elías cuando ministraba a la viuda de Sarepta.

[8] La palabra del Señor vino a Elías y le dijo:

[9] «Deja este lugar y vete a vivir por algún tiempo en Sarepta de Sidón. Ya he dispuesto que una viuda que allí vive te dé de comer.»

[10] Elías abandonó ese lugar y partió a Sarepta. Cuando llegó a la entrada de la ciudad, vio a una mujer que recogía leña. Era viuda. Elías la llamó y le dijo:

LA UNCIÓN DE REABASTECIMIENTO

"Te ruego que me des a beber un vaso de agua."

¹¹ Ya iba la mujer por el agua, cuando Elías la llamó y le dijo:

"También te ruego que me traigas un poco de pan."

¹² Pero ella le respondió: "Te juro por el Señor, tu Dios, que no he cocido pan. Sólo me queda un poco de harina en la tinaja, y unas gotas de aceite en una vasija. Con los leños que me viste recoger, voy a cocer el último pan para mi hijo y para mí. Después de comerlo, nos dejaremos morir."

¹³ Pero Elías le dijo: "No tengas miedo. Ve y haz lo que quieres hacer, pero antes cuece una pequeña torta bajo el rescoldo, y tráemela; después cocerás pan para ti y para tu hijo. ¹⁴ El Señor, el Dios de Israel, me ha dicho: "No va a faltar harina en la tinaja, ni va a disminuir el aceite de la vasija, hasta el día en que el Señor haga llover sobre la tierra."

¹⁵ La viuda hizo lo que Elías le dijo, y los tres comieron durante muchos días. ¹⁶ Y tal y como el Señor se lo prometió a Elías, no faltó harina en la tinaja ni bajó de nivel el aceite en la vasija.

(1 Reyes 17)

Milagros de reabastecimiento para las viudas

El Señor le había dicho a Elías que una viuda en Sarepta proveería para él. Él fue en obediencia a la Palabra del Señor a Sarepta y encontró a la viuda – pero cielos, ella ni tenía fe para proveer para ella y su hijo, ¡mucho menos para el profeta!

Cuando Elías le pidió un pedazo de pan, ella respondió diciendo algo como, "Perdón, me encantaría ayudarte pero apenas tengo un poco de harina y unas gotas de aceite, así que voy a cocer un último pan para mi hijo y para mí, y luego nos vamos a morir". Ella solo tenía la fe para comer su última pequeña porción de provisión y luego morir.

Elías sabía que ella no se iba morir, porque el Señor ya le había dicho que iba a proveer. Él tenía fe para un milagro de reabastecimiento y la llevó a ella a un milagro. Le dijo que preparara el pan pero que se lo trajera a él primero. La razón por la cual él necesitaba que se lo trajera a él primero era porque él tenía en operación la unción de abastecimiento. Él tenía fe para esto. Si ella y su hijo se comían el pan hecho de la poca harina y las pocas gotas de aceite que les quedaba, ella y su hijo se morirían de acuerdo con su expectativa.

Ella hizo todo lo que el profeta la instruyó a hacer y le dio a Elías el pan que preparó. Luego regresó a la cocina – ¡y ya había comenzado a ocurrir el reabastecimiento!

La unción de reabastecimiento

Si ella hubiera usado la poca harina y el poco aceite para hacer pan para el profeta, ya no hubiera sobrado para hacer pan para ella y su hijo, sin que ocurriera un milagro. Pero la unción de reabastecimiento ya había comenzado a funcionar y cada vez que se ponía a hacer pan, la harina y el aceite eran reabastecidos. Esto siguió ocurriendo durante toda la sequía y la hambruna. La viuda proveyó para ella, para el profeta y toda su casa por medio de milagros diarios de reabastecimiento, hasta que regresó la lluvia.

Nuevamente, toma en cuenta que el milagro ocurría conforme ella seguía dando. Ella no tenía un gran camión cargado de harina y aceite en frente de su casa. Las Escrituras dicen que ella y su casa comieron por muchos días. Bien puede ser que había más en su familia que ella y su hijo – posiblemente otros familiares y siervos estaban con ella. Todos en su casa recibieron provisión durante la sequía y hambruna. Eso no solo es reabastecimiento – ¡es aumento!

Yo admiro a esta viuda, porque ella pudo haberle negado a Elías su última comida, guardándola para ella y su hijo. Pero en lugar de eso, se la dio al profeta. Cuando ella dio, se echó a andar su milagro.

En cuanto al milagro de reabastecimiento de los panes y los peces, en uno de los relatos dice que un muchacho dio su almuerzo. Él lo pudo haber guardado para sí y preocuparse solo de sí mismo, pero él lo dio. Me pregunto, ¿se quedaría él con las doce canastas sobrantes?

"Den, y se les dará una medida buena, incluso apretada, remecida y desbordante. Porque con la misma medida con que ustedes midan, serán medidos". –Lucas 6:38

Eliseo ayuda a una viuda

¹ La viuda de uno de los profetas presentó a Eliseo la siguiente súplica: "Mi esposo, siervo tuyo, ha muerto. Tú bien sabes que él era temeroso del Señor. Pero nuestro acreedor ha venido ahora y quiere llevarse a mis dos hijos para venderlos como esclavos."

² Eliseo le dijo: "¿Y en qué te puedo ayudar? Dime qué es lo que tienes en casa."

La viuda dijo: "Esta sierva tuya no tiene en casa más que una vasija de aceite."

³ Entonces Eliseo le dijo: "Ve y pide a tus vecinos que te presten algunas vasijas vacías. ¡Todas las que puedas conseguir! ⁴ Luego, entra en tu casa y enciérrate con tus hijos. Echa aceite en todas las vasijas, y ve apartándolas conforme las vayas llenando."

La unción de reabastecimiento

> ^{5} La viuda se fue a su casa, cerró la puerta tras de sí y se encerró con sus hijos; y conforme ellos iban trayendo las vasijas, ella las iba llenando de aceite. ^{6} Cuando todas las vasijas estuvieron llenas, ella le pidió a uno de sus hijos que le pasara una vasija más. Pero en cuanto su hijo le contestó que ya no había más vasijas, el aceite se terminó. ^{7} Entonces ella fue a contárselo al varón de Dios, y éste dijo: "Ahora ve y vende el aceite, y págale a tu acreedor, y tú y tus hijos vivan de lo que les quede." –2 Reyes 4:1-7

¡Qué situación más difícil para esta viuda! Ella estaba endeudada y estaba a punto de perder a sus dos hijos a causa de sus acreedores. ¡Las cosas no se pueden poner más negras que eso! La unción de reabastecimiento, sin embargo, ¡salvó el día!

Eliseo le preguntó qué era lo que ella tenía. Cuando estamos en necesidad, es muy fácil fijarnos en lo que no tenemos en lugar de lo que sí tenemos. En el relato de Jesús alimentando a los 5,000, cuando primero les pidió a los discípulos que proveyeran alimento, ellos regresaron con la respuesta incorrecta. Se sentían perplejos porque no veían la provisión disponible para suplir la necesidad. Jesús les dijo que fueran a ver. Regresaron con los cinco panes y dos peces. La viuda de Sarepta tampoco pensaba que ella contaba con algo, pero el milagro se echó a andar con lo que sí tenía; no con lo que no tenía. Posiblemente pienses que no tienes nada, pero asómate e investiga – puede que haya más disponible para ti que lo que crees. Posiblemente tu milagro está justo en frente de ti ... en tu mano.

La viuda en la situación de Eliseo dijo que todo lo que tenía era una vasija de aceite. ¡Eso era todo! Eliseo conocía ya la unción de reabastecimiento. Comenzó a administrar la situación para que ella estuviera lista para su milagro. Él le instruyó que pidiera prestadas cuantas vasijas pudiera encontrar. Cuando ya no podía encontrar más, comenzó a echar el poco aceite que tenía en la siguiente vasija. Cuando hacía eso, su propia vasija de aceite se reabastecía. Cada vez que ella vertía el aceite en otra vasija, el aceite se reabastecía hasta que ya no quedaban vasijas para aceite. Tan pronto que se deja de dar, el reabastecimiento se detiene.

Una vez que ya estaban llenas las vasijas, Eliseo le instruyó que fuera a vender el aceite. Ahora vemos incremento extravagante. No solo se había reabastecido el aceite, sino que había tanto aumento, que no solo pudo pagar totalmente su deuda – sino que también fue bendecida con una provisión sobreabundante de la cual vivir. Tuvo mucho más de lo que necesitaban.

¡REABASTECIMIENTO Y AUMENTO!

Claves para desatar la unción de reabastecimiento

Al repasar los tres principios bíblicos que recién compartimos, descubrimos las siguientes claves para abrir la unción de reabastecimiento que está en de ti.

1. **¡Ve y mira!** Cuando tienes necesidad, no te fijes en lo que no tienes, más bien, enfócate en lo que sí tienes, aun si parece insignificante. Celebra lo poco y pequeño, porque posiblemente sea el catalizador para tu milagro.

2. **Cultiva expectación y prepárate** para tu milagro. Jesús comenzó a sentar a la multitud en grupos de cincuenta y cien. La viuda de Sarepta coció el pan para el profeta de su última cantidad de harina y aceite. La viuda a quien Eliseo ministró salió a conseguir vasijas para prepararse para su milagro.

3. **Ten enfoque celestial.** La dimensión terrenal natural no contiene tu milagro. La dimensión de milagros es la dimensión celestial de Dios visitando la tierra. Fija tu mente en lo sobrenatural. Aquello en lo que te enfocas, ¡es a lo que otorgas poder!

4. **Bendice tu provisión.** Proclama bendición sobre tu provisión. No la maldigas con palabras negativas, murmuraciones, o quejas.

5. **Sigue dando.** Cuando tengas necesidad, nunca retengas lo que tienes. Un espíritu de retener hará que se agote tu provisión. Sigue dando en fe, con la expectación de que recibirás reabastecimiento y aumento.

¡Que el Señor, Dios de sus antepasados, los multiplique mil veces más y los bendiga tal como lo prometió!

–Deuteronomio 1:11–

Capítulo Cuatro

TESTIMONIOS

Cuando esta revelación llenó mi corazón, meditaba sobre ella frecuentemente y la ponía en práctica. Cada vez que daba, ordenaba que viniera reabastecimiento. No seas solo oidor de la Palabra – sé hacedor de la Palabra. ¡La fe sin obras es muerta!

Fuerza Reabastecida

En cierta ocasión, yo sentía que mi fuerza se había agotado después de un largo día de trabajo. Me había despertado a las 5:00 de la mañana; tuve mi tiempo devocional, me alisté, aseé la casa, y luego salí para una junta a las 7:30, luego otra a las 8:00, y luego tuve reuniones intensivas de planeación, una tras otra, hasta ya el atardecer. Pero luego alguien estaba sufriendo una crisis y requería que yo la atendiera y ministrara. Como resultado, alrededor de las 6:00 de la tarde lo que más quería era llegar a casa, darme un baño caliente y acostarme, pero teníamos un compromiso en la noche y yo necesitaba estar lista para nuestros invitados que llegaban a las 7:00. Comencé a lamentarme por mi falta de fuerzas, pero luego me acordé de la unción de reabastecimiento y declaré, "He dado y dado y dado de mis fuerzas todo el día, así que ahora recibo reabastecimiento para la noche". Inmediatamente regresaron mis fuerzas y me sentí gloriosamente refrescada. Nuestra velada duró aun más allá de las 11:00 pm, pero me sentí de lo más fresca toda la noche. REABASTECIMIENTO Y UNCIÓN.

Tiempo reabastecido

Cuando das de tu tiempo para servir a Dios y otros, tu tiempo puede experimentar reabastecimiento y aumento. Hace algunos años, yo había trabajado todo el día en asuntos administrativos. Había un montón de pendientes que atender sobre mi escritorio. Después de pasarme todo el día atendiendo estos asuntos, la pila sobre mi escritorio no había disminuido para nada. ¡Esa no era la clase de reabastecimiento que yo quería! Parecía que cada pendiente que yo tomaba en mis manos para atender, solo creaba más trabajo – la montaña no se estaba moviendo. Estaba un poco desanimada. Miré al reloj y ya eran las 5:00 de la tarde. Mi esposo y yo teníamos planes para la cena a las 6:00, y luego yo tenía que empacar porque tomaba un vuelo muy temprano por la mañana al siguiente día. Además, esa noche en la televisión salía mi programa favorito policíaco, y lo quería ver. Miré una vez más la pila de trabajo que había en mi escritorio y pensé, "¡Voy a estar aquí toda la noche!

El Señor habló a mi corazón en medio de mis lamentos: "Me has dado de tu tiempo cada día – horas cada día. Todo eso es "semilla" que ha sido depositada en tu cuenta bancaria celestial y está disponible para ti con intereses. Lo que siembras, siegas. Lo único que necesitas hacer es un retiro del banco por fe".

La revelación era tan profunda. Mi tiempo podía ser reabastecido porque yo había dado de mi tiempo. Recibí por fe el tiempo que yo necesitaba para completar todo lo que necesitaba hacer. No sentí ni percibí nada en particular, simplemente volví a enfocarme en mi montaña de trabajo, completando un pendiente a la vez. Antes de que lo supiera, la montaña ya se había conquistado por completo. Me asomé al reloj y todavía ni eran las seis. Pude cenar con mi esposo, empacar, y ver el programa policíaco (a propósito, siento que algunos programas que tratan de crímenes son muy benéficos para cultivar un sentido de justicia y activar intercesión – sonríe).

Ropa reabastecida

En 1980, mi esposo y yo, junto con nuestros hijos, fuimos a JUCUM en Kona, Hawái. Llevé bastante ropa, pero ya estando allí, me di cuenta que algunas de las damas que habían estado sirviendo allí por mucho tiempo no tenían ropa nueva, así que les di casi toda mi ropa. Solo me quedé con tres vestidos cuando regresé a casa.

Ese invierno me invitaron a compartir en tres conferencias, pero yo no tenía un traje "de vestir" que usar (eran aquellos tiempos cuando siempre usábamos vestidos cuando ministrábamos). Oré y le pedí al Señor que me proveyera un vestido. No solo me proveyó un vestido, ¡me dio tres! Al terminar los eventos, también los regalé, y ese fue el comienzo de ver en acción la unción de reabastecimiento. Algunas mañanas me levantaba, abría nuestra puerta para recoger el periódico y me encontraba allí una caja a la entrada con los vestidos más lindos – y de mi talla. La gente me regalaba ropa, joyería, y otros accesorios, y cada vez que yo daba, me era reabastecido y hasta con aumento.

Me acuerdo que cuando comenzamos nuestro centro de alcance en Tijuana, México en 1985, muchos de nuestro equipo regalamos a las personas necesitadas toda la ropa que habíamos traído. Solo nos quedamos con la ropa que teníamos puesta y un cambio. Dios no solo continuamente reabastecía ropa para dar a las personas necesitadas, sino también nuestra propia ropa. ¡Era asombroso ver a Dios obrar de esa manera!

A través de los años, cada vez que comprábamos una casa nueva necesitábamos un guardarropa más grande. Yo no podía regalar la ropa lo suficientemente rápido. Ahora, trato de regalar ropa cada 3-4 meses, y se sigue reabasteciendo y aumentando.

Un año en nuestra convención anual de Women on the Frontlines (Mujeres en el Frente) vacié mi closet de casi toda mi ropa. Había empacado 110 piezas de ropa, más joyería, bolsas de mano, zapatos y accesorios, y luego pusimos una "boutique" un día para permitir que nuestros socios (los que contribuyen mensualmente a nuestro ministerio) entraran y "compraran" sin dinero. Fue tan divertido.

Mi esposo miró mi closet casi vacío y comentó, "¡Esto sí que es una señal y maravilla!". Terminamos el evento el sábado por la noche, y el lunes por la mañana, alguien que es dueña de un negocio de ropa me invitó a su boutique– me regaló 10 trajes hermosos – cada uno con presentación bellísima. Este fue el comienzo del reabastecimiento de mi ropa después de la Convención Mundial. En menos de 10 meses, mi guardarropa estaba lleno otra vez. REABASTECIMIENTO Y AUMENTO.

Finanzas reabastecidas

Veo cómo se reabastecen mis finanzas continuamente. ¡Es tan divertido! En un evento, sembré una ofrenda de $555 dólares, una ofrenda en efectivo de $42, y una ofrenda especial de $1,000. Antes de irme del evento, alguien se acercó conmigo con un cheque. Me dijo, "Esto es para ti personalmente, no es para la ofrenda". Le di las gracias por su regalo y lo guardé en mi bolsa de mano. Después, alguien más se acercó conmigo con dinero en efectivo y me dijo lo mismo. Más tarde ese día, dos personas más se llegaron y me dieron cheques personales. Les di las gracias y coloqué sus cheques en mi bolsa.

Por la noche, cuando estaba vaciando mi bolsa, abrí los regalos. El primer cheque era por $1,000. Eso reabasteció los $1,000 que yo había dado como ofrenda especial. El dinero en efectivo que alguien me dio era de $555, que repuso la cantidad exacta de la ofrenda que había dado esa mañana. Los dos cheques personales eran de $100, así que los $42.00 no solo se reabastecieron sino que fueron superados. Antes de que hubiera terminado el día, todas mis ofrendas experimentaron REABASTECIMIENTO Y AUMENTO.

Pero las cosas todavía se pusieron mejor. El siguiente lunes después del evento, mi esposo fue al buzón y me trajo una tarjeta de algunos amigos de otra nación. Fue una hermosa carta de agradecimiento y aprecio, e incluía un cheque por $10,000. Como ya se imaginan, ¡me quedé sin palabras! Dios es tan bueno, y su unción de reabastecimiento es real.

A veces, cuando tenemos algunos gastos extras y damos ofrendas extravagantes, las cuentas bancarias se vacían. Yo simplemente abro mi computadora al sitio bancario en línea y hablo reabastecimiento sobre los saldos y en muy poco tiempo, se han reabastecido. Es asombroso.

He tenido situaciones en muchas ocasiones cuando he dado una ofrenda en una reunión o a una persona, y he declarado reabastecimiento sobre la misma, y antes de la siguiente reunión, ha sido reabastecida.

Cuando predico este mensaje, siempre tenemos testimonios de milagros ... muchos de ellos. Han habido logros o tratos comerciales significativos, deudas pagadas, y otras bendiciones y victorias. Es una ocurrencia normal que las personas vengan después de escuchar este mensaje y compartan cómo dieron una ofrenda en la reunión y fue reabastecida y aumentada antes de que se acabara el día. Yo creo que TÚ también tendrás testimonios como estos, cuando activas esta unción.

Algunas veces el reabastecimiento y el aumento llegan inmediatamente y en otras ocasiones he tenido que esperarlo, pero siempre llegan. Permanezco firme en la

Palabra y lo creo, y se manifiesta. Oral Roberts solía proclamar algo que originalmente dijo Smith Wigglesworth: " Dios lo dijo. Yo lo creo. Eso lo resuelve". Ese es mi testimonio, también, y no me retracto. Jesús enseñó esta unción de reabastecimiento a Sus discípulos, y ahora nos la está enseñando de nuevo tanto a ti como a mí. Él quiere tanto que experimentes esta dimensión milagrosa operando en tu vida. Entre más puedas bendecir a otros, más serás bendecido.

Fuiste creado para ser bendecido y de bendición. Mi oración es que siempre estés al tanto de maneras de dar al Señor y a las necesidades de otros cada día, y que cultives esta unción asombrosa de reabastecimiento. ¡Esta bella unción está dentro de ti porque Él está dentro de ti!

Anda con esta unción y bendice al mundo en que vives.

Sé grandemente reabastecido en todo lo que derramas, y ¡experimenta aumento más allá de la medida!

Estoy aquí para animar y celebrarte ¡y desato la impartición sobre ti! ¡Aviéntate y activa esta unción asombrosa y extravagante para Su gloria ahora mismo!

ACTIVACIONES

Decretos

Registro de Milagros de Reabastecimiento

Decreto en el nombre de Jesús que:

1. Fui creado para ser fructífero y multiplicar. (Basado en Génesis 1:28.)

2. No temo ni estoy ansioso en cuanto a las necesidades materiales, y estoy confiado que mi Dios cuidará de mi mientras yo busco primeramente Su reino y Su justicia. (Basado en Mateo 6:33.)

3. Todas mis necesidades son suplidas de acuerdo a las riquezas en gloria de Dios por medio de Cristo Jesús. (Basado en Filipenses 4:19.)

4. Cuando siembro abundantemente, siego abundantemente. (Basado en 2 Corintios 9:6.)

5. Mi semilla me da de treinta, sesenta y ciento por uno. (Basado en Marcos 4:8.)

6. El Señor me suple semilla para sembrar y pan para mi alimento. Él multiplica mi semilla para sembrar y aumenta el fruto de mi justicia. (Basado en 2 Corintios 9:10.)

7. El Señor me aumenta en todo al mil por uno, y me bendice tal como ha prometido. (Basado en Deuteronomio 1:11.)

8. Se me ha dado vida en abundancia y nada me hará falta. (Basado en Juan 10:10.)

9. Cuando doy, recibo de nuevo – en medida buena, incluso apretada, remecida y desbordante. (Basado en Lucas 6:38.)

10. Me acuerdo del Señor mi Dios, porque Él es quien me da el poder para hacer riquezas, para que confirme Su pacto. (Basado en Deuteronomio 8:18.)

11. El Señor me da el poder del Espíritu Santo para obrar milagros de provisión en Su nombre y proclamar Sus testimonios con denuedo. (Basado en Hechos 1:8)

12. Así como cuando Jesús multiplicó los panes y los peces, el milagro de reabastecimiento y aumento opera libre y eficientemente en mi vida cada vez que ejercito mi fe para ese propósito. (Basado en Juan 14:12.)

LA UNCIÓN DE REABASTECIMIENTO

REGISTRO DE MILAGROS DE REABASTECIMIENTO	
Descripción de la semilla (dinero, tiempo, servicio cantidad, etc.)	Descripción de reabastecimiento (fecha, cantidad y circunstancias)

REGISTRO DE MILAGROS DE REABASTECIMIENTO	
Descripción de la semilla (dinero, tiempo, servicio cantidad, etc.)	Descripción de reabastecimiento (fecha, cantidad y circunstancias)

REGISTRO DE MILAGROS DE REABASTECIMIENTO	
Descripción de la semilla (dinero, tiempo, servicio cantidad, etc.)	Descripción de reabastecimiento (fecha, cantidad y circunstancias)

REGISTRO DE MILAGROS DE REABASTECIMIENTO	
Descripción de la semilla (dinero, tiempo, servicio cantidad, etc.)	Descripción de reabastecimiento (fecha, cantidad y circunstancias)

REGISTRO DE MILAGROS DE REABASTECIMIENTO

Descripción de la semilla (dinero, tiempo, servicio cantidad, etc.)	Descripción de reabastecimiento (fecha, cantidad y circunstancias)

ACERCA DE PATRICIA KING

Patricia King es una ministra del evangelio altamente respetada a nivel internacional. Ha servido fielmente al Señor por más de treinta años en diferentes capacidades, como conferencista, profeta, pastora, autora, maestra, y anfitriona de programas de televisión. Ella es fundadora de Patricia King Ministries, Women in Ministries Network – una red que celebra a las mujeres que sirven en cualquier área de ministerio dentro de las siete montañas (esferas) de influencia – y es co-fundadora de XPmedia.com – un sitio de internet que ofrece gran diversidad de videos con mensajes, enseñanzas, palabras proféticas, etc. por parte de ministros y otras voces reconocidas con alcance mundial. Además, ha escrito muchos libros, producido CDs y DVDs, y es anfitriona del programa de televisión "Patricia King— Everlasting Love" (Patricia King—Amor Eterno).

Conexiones:

Sitio web Patricia King: PatriciaKing.com

Facebook: Facebook.com/PatriciaKingPage

Patricia King Institute: PatriciaKingInstitute.com

Women on the Frontlines y Women in Ministry Network: Woflglobal.com

Programa de televisión Patricia King – Everlasting Love y muchos otros videos: XPmedia.com

LIBROS DE PATRICIA KING EN ESPAÑOL

Decreta – *una cosa y será establecida.*
Decretos basados en la Biblia sobre favor, salud, prosperidad, victoria, ministerio, sabiduría, familia, y muchos más.

7 Decretos para 7 Días
Decretos diarios en las áreas de Dios, sabiduría, bendición, favor, protección, salud, y provisión financiera

Desarrolla Tus Cinco Sentidos Espirituales – Ve, escucha, huele, saborea y siente el mundo invisible en tu derredor

La Unción de Reabastecimiento
Revelación y claves para vivir en aumento sobrenatural

La Buena Vida – Claves para vivir la vida plena, próspera, y llena de propósito para la cual fuiste creado.

Sueñe en Grande
Cómo la segunda mitad de la vida puede ser la mejor

La Revolución Espiritual
Visitaciones angelicales, sueños proféticos, visiones y milagros

La Luz Pertenece a las Tinieblas
Encuentre su lugar en la cosecha divina en el final de los tiempos

Adquiérelos en Patriciaking.com y Amazon.com

www.ingramcontent.com/pod-product-compliance
Lightning Source LLC
Chambersburg PA
CBHW061251040426
42444CB00010B/2351